LE PARTI CONSERVATEUR

ET

LA SITUATION ACTUELLE

PAR

PAUL GARBOULEAU

DOCTEUR EN DROIT

MEMBRE DE LA SOCIÉTÉ D'ÉCONOMIE POLITIQUE DE PARIS

PRIX : 50 CENTIMES

MONTPELLIER

EN VENTE CHEZ TOUS LES LIBRAIRES

—

1871

LE
PARTI CONSERVATEUR

ET LA

SITUATION ACTUELLE

Le parti conservateur, après avoir eu, jusqu'à ces derniers temps, une influence prépondérante dans les élections, vient de voir sa liste complètement battue à deux reprises successives dans presque toute la province, et notamment dans notre département (scrutins des 30 avril et 2 juillet 1871).

Est-ce l'effet de la versatilité prétendue de notre caractère national? Est-ce un de ces évènements fortuits et inexplicables qu'il faut laisser passer, sauf à reprendre les anciens errements quand le calme sera revenu?

N'y a-t-il pas, au contraire, un profond enseignement à tirer de ces défaites répétées ; et le parti conservateur ne doit-il pas complètement modifier sa ligne de conduite, s'il veut conserver un reste de son ancienne influence ?

C'est ce que nous nous proposons d'examiner ici.

Au lendemain d'un échec semblable à celui qu'a éprouvé, le 2 juillet, la liste du comité conservateur, arrive l'heure des récriminations. C'est le moment favorable pour l'observateur, qui cherche à se rendre compte du résultat ; au milieu des dires contradictoires, il arrivera le plus souvent à démêler la vérité.

Écoutons les propos de chacun :

Les uns se demandent comment les électeurs ont pu déserter aussi complétement la cause de l'ordre, car ils ne voient derrière les suffrages donnés à la liste opposée que des *communards*. A les entendre, tout est fini : propriété, famille, religion, tout principe de société est anéanti ; l'édifice social, ébranlé dans ses fondements, va s'écrouler ; c'est le signal de la proclamation de la Commune dans toute la France, à la lueur du pétrole ; et il s'en faut de peu qu'ils n'allent chercher à l'étranger un abri contre les orages politiques.

D'autres, moins pessimistes, ne voient dans les derniers votes qu'une aberration, qu'une éclipse momentanée du bon sens public ; pour eux, il n'y a qu'à attendre la fin de la tourmente, et les choses reprendront leur cours ordinaire.

Celui-ci, entrant dans les détails, fait le procès aux électeurs : il attaque leur indifférence ; il critique aussi les choix des candidats et reproche aux comités de n'avoir pas agi assez activement, en gens qui se croyaient trop sûrs du succès. S'il y a eu une alliance, il tombe aussi sur les alliés ; ils se sont abstenus ou ils ont fait défection. Bref, il s'en prend à tout le monde.

Cet autre, enfin, rappelle les anciens chiffres : on comptait autrefois, tout au moins, de 65 à 75,000 voix dans le département ; on en avait encore obtenu 55,000 aux élections de février, dans les plus mauvaises conditions de vote ; et aujourd'hui, à trois mois d'intervalle, il ne s'en trouve plus que 39,000. Le résultat précédent des élections municipales dérangeait un peu les calculs ; mais on ne devait pas s'y arrêter : la dépravation n'avait pas pénétré dans les campagnes, et les *ruraux* devaient donner une éclatante revanche. En présence du scrutin, il se borne à dire que le courant était ailleurs.

Qu'y-a-t-il de vrai dans tout cela ?

Sans doute il y a eu beaucoup d'abstentions, par suite de l'indifférence et de la tiédeur des gens d'ordre ; mais le même fait se produit à toutes les élections.

L'organisation des comités est évidemment défectueuse ; on compte trop sur le bon sens de l'électeur et sur son amour de la tranquillité, on néglige de se mettre suffisamment en rapport avec lui. Le parti conservateur n'est pas assez actif. Il semble toujours se croire à l'époque des candidatures officielles, où il n'avait qu'à se croiser les bras, en laissant faire la besogne par les mille agents du gouvernement ; tandis qu'il doit évidemment, au contraire, devenir aujourd'hui un parti militant.

Mais toutes ces causes ne sont que secondaires ; elles peuvent bien amener une différence de quelques milliers de voix, elles ne suffisent pas à expliquer un échec aussi complet.

Si l'on ne s'en tient pas à cet examen superficiel, on s'aperçoit bientôt qu'il y a une cause autre, et bien plus puissante, de la faiblesse du parti conservateur dans les circonstances présentes. Le vote du 2 juillet ne vient pas de l'aberration des électeurs ou de l'abandon

des idées d'ordre : il a été amené par la force des choses,
et il s'agit en ce moment d'une question capitale pour
le parti conservateur.

Ce parti se trouve dans la nécessité de renoncer à
jouer un rôle dans les élections, ou d'arborer nettement
un drapeau politique. Son rôle comme simple parti conservateur est fini dans la situation actuelle.

Qu'est ce, en effet, que le parti conservateur ?

Dans une autre brochure, que nous avons publiée
au mois d'octobre dernier, nous le définissions de la
manière suivante : « Les conservateurs se composent
» de tous les gens d'ordre, qu'aucune forte conviction
» politique ne rattache à telle ou telle forme de gou-
» vernement : ils se rallient à celle qui leur offre le
» plus de garanties pour l'ordre et la sécurité. Comme
» ils sont les plus nombreux en France, ils assurent le
» pouvoir au gouvernement qu'ils appuient [1]. » Essentiellement ennemi des révolutions, c'est à améliorer et
non à renverser que ce parti s'attache ; il est, en un
mot, le champion du progrès pacifique. Si nous avions
reçu mandat d'exposer son programme, nous le défini-
rions de la sorte : « Soumission à la souveraineté nationale, tel est le drapeau autour duquel le parti conservateur engage à se grouper, sans distinction de nuances
politiques, tous ceux qui reconnaissent le pouvoir qui
siége à Versailles et sont résolus à accepter, quelle qu'en
soit la forme, le gouvernement que la nation adoptera
dans la libre manifestation de sa volonté souveraine. Il

----

[1] *La République, l'Assemblée constituante et le Parti conservateur*, pag. 5.

fait appel à tous ceux qui ne mettent rien au-dessus du suffrage universel, pas plus la monarchie que la république. Il invite à s'unir à lui tous les hommes de bien, qui, instruits par les douloureuses expériences du passé, ne veulent ni réaction, ni désordre ; demandent un gouvernement largement libéral, sans se préoccuper de son nom, et acceptent comme lien commun cette formule : Ordre, liberté et progrès pacifique. »

Si ce sont là les principes du parti conservateur (et nous ne croyons pas qu'un seul de ses membres refusât de signer un pareil programme), ne commence-t-on pas déjà à pressentir la cause de sa faiblesse dans les circonstances présentes, lui qui est si fort dans les temps ordinaires. Ne voit-on pas qu'il n'est plus aujourd'hui en situation ?

C'est que, en effet, ce parti ne s'incarne pas dans une forme de gouvernement déterminée ; son drapeau, qui porte pour devise : « Ordre, liberté et progrès pacifique », il peut l'arborer sous tous les régimes, mais il n'en personnifie aucun. Il suppose, au contraire, un gouvernement existant ; son nom lui-même l'indique : il conserve, il améliore ce qui existe. Or qu'est le gouvernement qui siége à Versailles ? Il n'est ni la monarchie ni la république. Il constitue un gouvernement de transition, essentiellement provisoire, dont la durée peut être plus ou moins longue, mais dont la forme n'est pas définitive. Que signifie, dès lors, dans la situation actuelle, cette déclaration d'un parti, « qu'il est prêt à accepter la forme de gouvernement que le pays choisira », alors que c'est précisément cette question de forme qui s'agite ?

Quand, à droite et à gauche, l'électeur n'entend que

le mot de monarchie ou de république, il sent, lui aussi, la nécessité de prendre une décision, et il cherche, par son vote, à faire triompher le pouvoir de son choix.

Aussi le parti conservateur, qui retrouvera toujours sa force lorsqu'il ne sera question que d'assurer l'ordre, perd-il toute son influence dès que se pose la question de la forme de gouvernement. Par cela seul qu'il ne représente pas une forme déterminée, s'il n'arbore pas un drapeau, son rôle s'effacera et ses soldats l'abandonneront.

Ce fait deviendra bien plus palpable, si l'on examine les éléments dont se compose le parti. Il se compose, avons-nous dit, de tous ceux qu'une forte conviction politique ne rattache pas à telle ou telle forme de gouvernement: ce qui ne veut pas dire que chacun d'eux n'ait pas au fond du cœur une forme préférée qu'il croit plus propre à faire le bonheur du pays; mais cet idéal est subordonné chez lui à la nécessité primordiale de maintenir l'ordre et la tranquillité, et c'est pour cela qu'il ne se range sous la bannière d'aucun des partis militants, quoique, au fond, ses sympathies l'attirent vers l'un ou vers l'autre.

C'est ainsi que le parti conservateur se compose de gens qui sont légitimistes, orléanistes et républicains. Toutes ces couleurs, blanc, bleu et rouge, sont très-pâles; on les distingue à peine par un temps calme, elles sont voilées sous la teinte conservatrice; elles ne paraissent pas davantage dans les temps de trouble: quand la sécurité est menacée, la cause de l'ordre retrouve toujours ses hommes fidèles au drapeau.

Mais que la question relative à la forme de gouvernement se présente, oh! alors, il n'en est plus ainsi: les aspirations personnelles se font jour, et chacun va appuyer de son vote la forme de gouvernement qui lui est sympathique. Le parti conservateur se trouve ainsi très-notablement diminué, s'il n'est pas complétement abandonné par tous ses membres.

Que l'on ne dise donc pas, en rapprochant simplement des chiffres, que l'on ne sait sur quoi compter avec le suffrage universel et que l'urne électorale est une véritable boîte à surprise.

Il est aussi facile d'expliquer les résultats des divers votes qu'il eût été aisé de les prévoir en tenant compte de l'état des choses.

Sans remonter au delà du plébiscite, examinons en quelques mots les diverses situations et les manifestations correspondantes du suffrage universel; nous y constaterons une relation intime, et ces résultats si différents s'expliqueront tout naturellement par la différence des situations, et non par le caprice des électeurs ou par les effets du hasard.

Lors du plébiscite, le parti conservateur réunit 7,500,000 suffrages environ; les partis opposés ne comptèrent que 1,500,000 voix. Le succès fut éclatant. Dans quelles conditions se présentait ce vote? Que signifiait-il? Au moment où les électeurs étaient convoqués pour voter par oui ou par non, la France jouissait d'une grande tranquillité; un gouvernement fort était à sa tête et maintenait l'ordre, qui permettait au travail et à l'industrie de se développer; le ministère du 2 janvier avait fait naître l'espérance de voir arriver la liberté sans secousse violente. Le parti conservateur était essentiellement dans son milieu : ordre et progrès pacifique; le vote du mois de mai 1870 était une manifestation contre toute révolution et contre les dangers de l'inconnu, qu'un changement de gouvernement entraîne toujours avec lui. Ce n'était pas un vote de sympathie pour la personne ou la famille du chef de l'État : la suite l'a bien prouvé. La question politique de la forme du gouvernement ne se présentait pas comme une nécessité inévitable. Aussi le parti conservateur, en face d'une question qui se posait entre l'ordre et le désordre, entre la révolution et le progrès pacifique, ne rencontra-t-il aucune défection dans ses rangs.

Quand, au mois d'août, eurent lieu les élections municipales, pour lesquelles la question politique ne se présentait pas non plus, la liste conservatrice eut aussi la majorité.

Arrivent nos désastres et la révolution du 4 septembre, la dictature de Gambetta, la capitulation de Metz et celle de Paris ; le 2 février, les électeurs sont convoqués. Il ne s'agit pas, en ce moment, de la forme du gouvernement à établir en France; la question se pose entre la guerre à outrance, qui n'est plus possible, et la paix désastreuse, qui est une déplorable nécessité. Les républicains avancés se faisant les champions de la guerre, la masse des électeurs se rejette sur les autres candidats et nomme une Chambre, qui se trouve monarchique en majorité.

On a dit et répété bien souvent, depuis cette époque,

que, par son vote du 2 février, la France avait affirmé ses tendances monarchiques ; c'est une erreur. Supposez la situation inverse ; supposez que les républicains eussent été les candidats de la paix, tandis que les autres eussent voulu la guerre à outrance : vous auriez eu une majorité républicaine. C'était la question de paix ou de guerre qui était à l'ordre du jour ; ce n'était pas sur la forme du gouvernement que la France avait à voter au mois de février 1871 ; aussi la liste du parti conservateur eut encore la majorité.

La Chambre est constituée, la paix est signée, un gouvernement provisoire est nommé. M. Thiers, que l'on peut justement appeler aujourd'hui le sauveur de la France, est placé à sa tête. Un compromis a lieu entre les divers partis qui se divisent l'Assemblée ; on convient d'écarter toutes les questions irritantes, et principalement les questions touchant à la forme du gouvernement. Mais, malgré le pacte de Bordeaux, la majorité monarchique de la Chambre donne des espérances aux impatients ; ils veulent précipiter le dénoûment ; la fusion est annoncée comme faite ; les manifestes des divers prétendants sont publiés ; des coups d'État parlementaires sont préparés, et il faut toute l'habileté du chef du pouvoir exécutif pour les déjouer.

Viennent les élections municipales.

En temps ordinaire, de pareilles élections sont essentiellement du domaine du parti conservateur. La politique générale y est étrangère : il s'agit d'administration locale ; on recherche les hommes les plus aptes à bien gérer les intérêts de la cité, les opinions politiques des candidats n'occupent que le second rang ; ce sont surtout des questions de personnes, de petites rivalités de clocher. Mais, en présence des agissements de l'Assemblée nationale, les partis déploient leur drapeau, la question municipale est complétement laissée de côté ; les élections vont être des élections politiques : tel est le terrain sur lequel la lutte va s'engager.

Que fait le parti conservateur, ou du moins son comité (1) ? Il s'efforce de maintenir la question sur le terrain municipal, il s'adresse à tous les gens d'ordre, il cherche à réunir sur une même liste des gens honorables de toutes les nuances ; mais il ne peut arriver à une entente, et alors, ne pouvant rallier toutes les opinions, il commet la faute de faire alliance avec le parti légitimiste seul, et de se ranger ainsi involontairement sous un drapeau qui n'est pas le sien. Le public a qualifié les deux listes : le résultat des élections sera le triomphe des républicains ou le triomphe des légitimistes.

Que se passe-t-il alors ? Ce qui devait nécessairement arriver. Le plus grand nombre des conservateurs qui ne sont pas d'opinion légitimiste abandonne la liste du comité, en présence de la question politique ainsi posée, et les élections municipales donnent une majorité de 3,000 voix à la liste républicaine.

Arrivent les élections complémentaires.

Le résultat des élections municipales aurait dû ouvrir les yeux au parti conservateur et lui montrer que, dès que la question de gouvernement se présente, à tort ou

---

(1) Nous ne nous occupons ici que de la ville de Montpellier ; mais le même fait s'est produit dans un grand nombre de localités.

à raison son influence disparaît devant la question politique.

S'il voulait continuer la lutte, il devait se maintenir exactement dans son programme et choisir des candidats essentiellement de la nuance Thiers et Dufaure, sans avoir l'air d'incliner vers aucun des deux autres partis, et, au besoin, aborder seul le scrutin. Il restait ainsi dans son rôle de conservateur du pouvoir provisoire qui régit la France en ce moment. Dans le cas contraire, et s'il voulait une alliance, il devait nettement arborer son drapeau, car la question devait ici nécessairement se poser entre la monarchie et la république.

Mais le comité départemental, se rappelant ses succès auprès des électeurs des campagnes, et oubliant qu'il s'agit de la question de forme de gouvernement et que le paysan a aussi ses opinions politiques, ne se présente pas avec un programme nettement défini et fait encore alliance avec le parti légitimiste. Sans doute les journaux diront que ces candidats sont décidés à soutenir la politique de M. Thiers ; mais cela ne suffit pas au public. Il se demande ce qu'il adviendrait si, à la suite d'événements quelconques, la question de monarchie ou de république se posait à la Chambre, et la fraction du parti conservateur qui n'a pas des idées monarchiques vote pour la liste républicaine. Le résultat des élections constate un déplacement de 20,000 voix et donne à cette dernière liste une majorité de 12,000 suffrages. Dans la ville de Montpellier se retrouvent exactement les mêmes chiffres qu'aux élections municipales : la liste républicaine a 3,000 voix de majorité.

Que devons-nous conclure de ces faits ?

Le succès des conservateurs avant le 4 septembre, les insuccès qu'ils ont subis depuis, démontrent, jusqu'à la dernière évidence, une chose : c'est que ce parti, si puissant lorsqu'il y a une forme de gouvernement établie, perd la plus grande partie de sa force dans les périodes de transition analogues à celles que nous traversons. Lorsque la question de forme de gouvernement est posée, chacun suit le drapeau qui est l'objet de ses sympathies, sauf à revenir reprendre sa place dans le grand parti de l'ordre, une fois cette question vidée.

Dans une pareille occurrence, le parti conservateur ne peut plus, comme parti, affronter le scrutin ; car l'ordre n'est pas une forme de gouvernement et n'est pas, heureusement, propre à un seul genre de pouvoir. Le parti conservateur doit bien s'en rendre compte ; il ne peut aujourd'hui rester ce qu'il était hier. Entre la monarchie et la république, il doit nécessairement opter, ou renoncer à prendre part aux luttes électorales.

Si, jusqu'à présent, il a ou aurait pu éviter de se prononcer nettement sur la question, en se retranchant, soit sur le terrain administratif, lors des élections municipales ; soit sur les avantages de maintenir le provisoire actuel, lors des élections complémentaires, il ne peut continuer à suivre les mêmes errements. Désormais toutes les élections seront des élections politiques jusqu'au jour du vote définitif, chaque parti voulant saisir toutes les occasions de se compter ou de prendre une revanche.

Au surplus, au jour du plébiscite, le parti conserva-

teur sera bien obligé de sortir de sa position équi-
voque.

Ce jour-là, sous peine de perdre complétement toute
influence et de disparaître de la scène politique, il fau-
dra bien qu'il prenne une détermination et qu'il engage
ses adhérents à voter pour tel ou tel drapeau. Seule-
ment, qu'il y prenne garde ; il n'a pas de temps à perdre
pour prendre une décision. Encore quelques campagnes
comme les dernières qu'il vient de faire, et il s'agitera
dans le vide, car il aura été abandonné par le plus grand
nombre de ses partisans.

Ces quelques pages ont uniquement pour but d'atti-
rer l'attention du parti conservateur sur la situation
actuelle et sur le rôle qu'il compte y jouer.

Il doit se prononcer, pour que chacun sache où l'on
veut le conduire et agisse suivant ses convictions personnelles : restant dans les rangs du parti, si son drapeau
lui convient, ou allant chercher ailleurs une forme de
gouvernement plus conforme à ses convictions.

Dans quel sens doit se prononcer le parti conservateur ?

Nous n'avons pas la prétention de lui tracer une ligne
de conduite ; d'ailleurs, notre opinion personnelle, que
nous avons affirmée publiquement, au mois d'octobre
dernier, et qui n'a pas varié depuis, ne serait pas d'un
grand poids dans la balance et pourrait être suspectée
de partialité.

Nous ne pouvons, toutefois, nous empêcher de consta-
ter que les idées que nous émettions dans notre brochure
sur *la République, l'Assemblée constituante et le Parti*

conservateur, ont fait, depuis, beaucoup de chemin et ont rencontré de nombreux adhérents.

Malgré les horreurs de la commune de Paris, un grand courant s'est établi dans l'opinion contre les idées de restauration monarchique ; la couleur des élections politiques qui viennent d'avoir lieu, dans presque tous les départements, est là pour le prouver. Bon nombre de conservateurs ont déjà abandonné les rangs du parti pour suivre ce courant.

Quoi qu'il en soit, il est temps d'aviser.

Si le parti conservateur se prononce pour la forme monarchique, il n'a qu'à se dissoudre et à se fondre dans l'un des partis qui patronnent ce mode de gouvernement.

S'il opte, au contraire, pour la forme républicaine, il lui reste encore un grand rôle à jouer, en conservant son individualité.

Se composant de gens d'ordre et foncièrement conservateurs, il peut, par sa présence dans les rangs républicains, modérer beaucoup l'impatience des ardents de ce parti, et, dans ce mariage de raison, apporter l'expérience et la maturité qui contribueraient puissamment à établir une forme de gouvernement solide et durable.

L'expérience nous dit que, pour éviter les désastres qu'occasionnent les débordements, il ne faut pas élever de digues par le travers du fleuve. Il faut, au contraire, faciliter le cours de ses eaux, en se bornant à les contenir et à les diriger.

Montpellier, le 8 juillet 1871.

Montpellier, Imprimerie centrale du Midi — Ricateau, Hamelin et C*.